ÉLOGE FUNÈBRE

DE

Mme PAULINE HECTOR

BARONNE DE VEZINS

DÉCÉDÉE AU CHATEAU DE VEZINS

LE 7 OCTOBRE 1875,

Prononcé dans l'église de Vezins le 18 du même mois

PAR

M. l'abbé S. GARDAIS

CHANOINE HONORAIRE.

†

ANGERS

IMPRIMERIE P. LACHÈSE, BELLEUVRE ET DOLBEAU
Chaussée Saint-Pierre, 13.

1875

ÉLOGE FUNÈBRE

DE

MME LA BARONNE DE VEZINS

ÉLOGE FUNÈBRE

DE

Mme PAULINE HECTOR

BARONNE DE VEZINS

DÉCÉDÉE AU CHATEAU DE VEZINS

LE 7 OCTOBRE 1875,

Prononcé dans l'église de Vezins le 18 du même mois

PAR

M. l'abbé S. GARDAIS

CHANOINE HONORAIRE.

†

ANGERS

IMPRIMERIE P. LACHÈSE, BELLEUVRE ET DOLBEAU

Chaussée Saint-Pierre, 13.

1875

Mulier timens Dominum ipsa laudabitur.

La femme qui craint le Seigneur est celle qui sera louée. (PROV. 31).

MES FRÈRES,

Je ne vous apporte point une oraison funèbre,... mais seulement une parole d'édification, et aussi une expression spontanée, intime de notre commune désolation!

C'est vendredi que des vœux m'étaient exprimés de divers côtés à la fois, et que Monseigneur me conseillait d'y accéder, et de venir louer, au nom de la Religion, Mme la baronne de Vezins, dont la mort subite excitait tant de regrets dans le pays, qui était devenu le sien, et aussi dans la ville épiscopale, où elle présidait si dignement l'association des Mères chrétiennes.

Mes Frères, malgré cette grande affluence et cet auditoire distingué, je ne m'inquiéterais pas de parler d'Elle, si l'abondance du cœur suffisait toujours. Je la connaissais depuis plus de trente ans, je possédais son affection et sa confiance, et je lui en témoignais ma reconnaissance par un très-sincère attachement. Mais, précisément, je sens et je comprends d'autant mieux en quelle estime vous l'aviez tous vous-mêmes, et je crains de rester au-dessous de vos exigences ! Et vous avez bien raison d'exiger beaucoup, car c'était une chrétienne éminente par sa foi et par sa charité. Et, chez elle, cette foi et cette charité reposaient dans un très-noble cœur, dans un cœur tendre, profond, dévoué, tel qu'il était impossible, quand on l'avait pénétré dans l'intimité, de ne pas avouer qu'il était difficile d'en rencontrer un plus charmant, plus aimable, plus respectable aussi, plus digne d'être aimé !

Et, c'est autour de ces deux vertus, qui selon

moi la résument, que je vais grouper mes pensées et mes sentiments, et, si je ne vous demande pas, pour ces pages improvisées, votre attention indulgente, c'est que je suis sûr que déjà, à cause d'Elle, vous me l'accordez à l'avance.

I.

Ce qui fait, Mes Frères, la vraie chrétienne, c'est d'abord la foi, la foi solide, ardente, complète.

La foi porte toute la Religion. La Religion est la parole de Dieu révélée et enseignée par l'Église, et la foi est la ferme adhésion à cette parole et à toutes les vérités qu'elle renferme.

La Religion est encore la loi de Dieu, également révélée, et la foi en est aussi l'acceptation sincère et docile, et alors elle est vivante et complète, et la vie chrétienne en sort et s'y épanouit, comme la sève vient de la racine, et monte pour couronner l'arbre de ses fleurs et de ses fruits.

La seconde vertu distinctive de la vraie et parfaite chrétienne est la charité, qui est la plus belle fleur et le plus beau fruit de la vie surnaturelle et divine; la charité, qui nous fait aimer Dieu et nous incline ensuite vers le prochain, nous précipite dans le dévouement et le sacrifice, et nous fait ressembler à Jésus-Christ, en nous donnant et en nous livrant comme lui!

Mme de Vezins possédait ces deux vertus à un degré éminent.

Sans doute, la foi fut pour elle, plus que pour d'autres, un don tout à fait gratuit. Elle la trouva dans son berceau, dans l'air natal, dans le lait maternel, dans sa famille, où elle est héréditaire et fait partie du patrimoine. Cependant sa foi dut son entier développement à une influence, qu'il faut signaler, car Mme de Vezins reçut de cette douce et forte influence le pli et la direction de sa vie, et elle en conserva jusqu'à la fin l'empreinte bien marquée dans son âme.

Née en 1810, Pauline Hector connut à peine son père et sa mère. Elle fut donc élevée par sa grand'mère, qui était cette vénérable Mme de Cambourg, de si sainte mémoire. Elle grandit à son ombre, dans la solitude et le silence de la Saulaye, en compagnie de sa tante Célestine, plus âgée de quelques années, qui devait mourir prématurément, après avoir réalisé en elle seule tout ce que la jeunesse et la grâce peuvent offrir de plus accompli sur la terre. Ce fut le premier attachement de Pauline Hector, et ce fut peut-être bien aussi le dernier, puisqu'elle a voulu que son cœur fût réuni à celui de sa tante dans la mort, comme il lui avait été uni dans la vie!

J'ai nommé, Mes Frères, cette maison de la Saulaye, et je m'y arrête avec bonheur, parce que j'y retrouve le point de départ d'affections qui me sont restées chères, parce qu'on allait là, de Fesle, des Marchais, de Fline, de tous les alentours, admirer, dans deux vénérables Patriarches, et sous les traits les plus aimables, la bonté unie à la loyauté d'un autre âge! La Saulaye, où il y avait si souvent des plaies à cicatriser, des larmes à essuyer!

Pauline Hector y passa son enfance et sa jeunesse. Dieu lui avait prodigué les dons de la nature : une grande beauté, beaucoup d'intelligence et d'esprit, une vive imagination, une âme ardente. Mme de Cambourg lui donna sa foi et sa charité; une foi, qui avait passé par de terribles épreuves, pendant les guerres de la Vendée; une charité, qui est restée légendaire sur les bords du Layon. Elle mit encore dans l'éducation de sa petite-fille la force et l'énergie, qui font l'éducation solide et sérieuse; elle lui fit prendre, dès le début, des habitudes de prière, de travail, de sévérité pour elle-même, de dévouement pour les autres, habitudes, vous le savez, qui devaient être fidèlement gardées jusqu'à la dernière heure.

II.

Dieu, Mes Frères, avait ses desseins, en élevant Pauline Hector à une telle école. Il la destinait à recueillir un héritage, dans lequel elle aurait à continuer précisément les plus belles traditions de foi et de charité.

Assurément, je n'ai point besoin de vous rappeler les exemples admirables, que donnait ici, depuis longtemps, Mme la baronne de Vezins, entourée de ses quatre filles, qui marchaient à l'envi sur ses traces, dont l'une en mourant laissait une enfant, appelée plus tard à faire revivre ses vertus parmi vous, et dont une autre, la seule qui survit encore à tant de deuils cruels, sans cesse renouvelés pour elle, reçoit, partout où elle apparaît, les hommages de la plus affectueuse sympathie et du plus universel respect.

C'était une succession difficile, mais qui ne dépassa point les forces de la jeune femme, que Philippe de Vezins vint demander à la Saulaye. Et, après quarante ans, je le demande, sur sa tombe à peine fermée, à ceux qui ont été les témoins de sa vie : n'est-il pas vrai qu'elle a bien gardé ce patrimoine d'honneur et de vertus chrétiennes, qu'on lui offrit alors et qu'elle accepta? N'est-il pas vrai qu'elle le laisse après elle, dans cette noble maison de Vezins, intact, ou plutôt enrichi et agrandi encore par ses vertus et ses mérites personnels?

III.

C'est que, elle aussi, elle avait une grande foi, une foi vivante et complète, comme Dieu l'exige.

Jamais, le doute ni une hésitation quelconque

n'effleurèrent ses ardentes convictions. Elle ne prenait pas goût à les discuter. Elle les affirmait, et pourtant elle réussissait à les faire partager, tant elle était fortement assise dans sa foi, tant l'autorité de sa personne et la vive et spirituelle expression de sa parole ajoutaient aussi à l'autorité de sa foi.

Mais la foi, sous peine de mourir, ne va pas seule : *fides, si non habeat opera, mortua est.* Mme de Vezins croyait fermement tout ce que l'Église ordonne de croire, et de plus elle faisait tout ce qu'elle commande de faire. Chez elle, l'un n'allait pas sans l'autre. Elle fut donc une très-fidèle observatrice de toutes les lois de l'Église. Elle était matinale, de bonne heure à l'église; elle y faisait ses prières, assistait à la messe, qu'elle entendait tous les jours de l'année. Chaque jour, elle récitait son rosaire; chaque jour, elle faisait sa lecture spirituelle. Elle communiait tous les dimanches, et souvent sur la semaine. Elle observait le jeûne dans toute sa rigueur, suivait les offices de la paroisse, conformément au vœu de l'Église, et veillait avec soin à ce que toute sa maison eût la même tenue chrétienne.

Ces détails, Mes Frères, sont simples et faciles en apparence ; mais la constance leur donne une grande beauté. Cependant, je crois bien que si Mme de Vezins était là, m'entendant m'appesantir sur ces points, elle me brusquerait un peu, en répétant une parole qui lui était familière : Grand mérite, vraiment, à faire ainsi, et à quoi pensez-vous? C'est bien le moins qu'on puisse faire!

Et, effectivement, elle faisait beaucoup plus, ce qui arrive toujours quand on en est là. Ces premières conditions une fois posées, viennent ensuite, comme à merveille, la floraison et la fructification, suivant cette belle expression de l'Écriture : *Justus florebit, et bonos fructus affert.*

IV.

Mme de Vezins appartenait à toutes les œuvres. Quelques-unes cependant obtinrent ses préférences.

Ainsi, de bonne heure, comme font les âmes pleines de foi, la sienne s'orienta vers l'autel et s'y fixa à jamais. L'Eucharistie est, en effet, la grande séduction, que Dieu a mise dans la religion, la grande force qu'il nous offre dans les luttes inséparables de la vie. En face de l'Eucharistie, Mme de Vezins fut pendant quelque temps dominée par la crainte, et elle en souffrit beaucoup. Mais l'amour finit par l'emporter, et dès lors elle éprouva aussi elle cette faim et cette soif des nobles cœurs, que Jésus-Christ seul peut apaiser en se donnant lui-même. Elle aima la communion par-dessus tout, et on la voyait revenir dans la soirée rendre visite au Maître adoré qu'elle avait reçu le matin, et rester là longtemps, à ses pieds et sous son regard, priant, méditant et achevant en elle la divine ressemblance.

Elle fut très-dévouée aussi à l'association des Mères chrétiennes. Elle en devint la présidente à Angers, et ici, à Vezins, je crois qu'elle contribua beaucoup à la fonder.

Cette Association est admirable. Pour la comprendre, il faut comprendre ce que sont et ce que font nos mères.

Dieu est bon, Mes Frères, et il est père. Et toute bonté et toute paternité viennent de lui, c'est évident. Quand il lui naît un fils dans la famille humaine, sa bonté devient merveilleuse. Il le traite avec honneur, et commence par lui donner, pour compagnon, un prince de sa cour. Puis, pour veiller au salut de son âme avec plus de tendresse encore, il lui donne sa propre Mère, qui monta le Calvaire avec lui et se trouva debout au pied de la Croix pour recevoir son dernier soupir. Il lui donne encore un autre ange gardien, celui-là visible, qui est sa mère à lui, laquelle lui donnera sa vie d'abord, et ensuite la forme de son âme, et la tendresse et la profondeur de son cœur. Mes Frères, c'est de nos mères que nous recevons tout ce que nous avons de meilleur ; en elles que nous avons la plus touchante apparition du cœur de Dieu ! Nos mères ! C'est notre plus pur amour, notre plus cher trésor, quand nous les possédons, notre plus cruel déchirement, quand nous les perdons. Mais qui dira leur cœur et leur dévouement? Lorsque, justement alarmées, elles se sentent impuissantes à nous garder ou à nous reconquérir, elles se réunissent, se comprennent bien vite, et, confondant leurs craintes et leurs espérances, elles se disent : Isolées, nous n'y pouvons plus rien !

nous ne pouvons pas traverser les mers, nous ne pouvons pas aller jusqu'à Rome, jusqu'à Milan ! Eh bien, réunissons-nous, ne formons toutes ensemble qu'un cœur et qu'une âme, unissons nos prières et nos sacrifices à la prière et au sacrifice de Jésus-Christ, et nous les sauverons peut-être !... Et voilà l'Association des Mères chrétiennes, et c'est ici-bas la plus grande force de sanctification, et c'est à elle, pour une bonne part, que la Religion doit le bonheur de voir tant de consolants retours dans les classes élevées, et voilà pourquoi il faut la propager et la répandre dans tous les rangs de la société.

Mme de Vezins en aimait les réunions, en suivait les retraites avec exactitude. C'est dans le même but qu'elle faisait partie de ces pèlerinages merveilleux, où nos mères surtout sont allées tour à tour à la Salette, à Lourdes, à Chartres, à Paray-le-Monial, au Marillais, aux Gardes. Tous ces sanctuaires bénis la virent agenouillée, priant avec une ferveur qui édifiait et lui gagnait toutes les sympathies.

V.

Mme de Vezins aimait donc Notre-Seigneur; elle aimait ses enfants. Elle aimait enfin les pauvres.

Elle avait, en effet, la parfaite intelligence du pauvre, n'ignorant pas qu'après l'Eucharistie on ne trouve Jésus-Christ nulle part plus sûrement que dans la pauvreté, au sein de laquelle il s'est anéanti et se cache encore, nous assure l'Évangile. Elle avait aussi l'intelligence non moins nécessaire du riche, sachant que la richesse n'est qu'un dépôt, que le riche n'est ici-bas que l'économe et le justicier de la Providence, et qu'il doit donner, comme la fontaine donne ses eaux.

Elle agissait en conséquence. Ses aumônes embrassaient tous les besoins et suffisaient à tout. Elles allaient à la maison de Dieu, dont elle aimait l'éclat, à la sainte Église, dont elle était la fille soumise. Elles allaient aux œuvres diocésaines, aux Séminaires, à la Propagation de la Foi. Mais elles coulaient surtout de ses mains dans le sein des pauvres, sans intermittence, ainsi que d'une source intarissable : *Manum suam aperuit inopi, et palmas suas extendit ad pauperem.*

Tout le monde le savait bien. A Angers, les Dames de charité, les Sœurs quêteuses avisaient de loin sa porte et comptaient sur elle pour se remettre à flot et reprendre cœur. A Vezins, à Chanteloup, à la Tourlandry, aux Gardes, tous ceux qui souffrent bénissaient son nom. Aucune loterie ne la laissait dans l'oubli. Qui ne sait que ce sont toujours les mêmes qui donnent ? Elle était de ceux-là, et, loin de s'en plaindre, elle s'y attendait et se fût peut-être sérieusement offensée, s'il en eût été autrement.

Elle donnait, et de plus portait elle-même son aumône, ce qui la double presque toujours. Elle donnait, et de la bonne manière, avec affection. Les secours en nature lui plaisaient : elle donnait du pain, du vin, des légumes, du bois, des vêtements. L'aumône spirituelle venait à la suite. Chaque jour, elle visitait, soit les petits enfants de l'asile, fondé et entretenu à ses frais, soit les malades du bourg. Ceux-là, quand tout espoir était perdu, elle les préparait à la mort, les disposait à recevoir Notre-Seigneur Jésus-Christ, dressait la table de communion, assistait le prêtre.

On la voyait même accompagner le Saint-Sacrement jusqu'aux villages éloignés. Elle avait une émule et une amie, qu'elle aimait à louer, cette bonne et excellente Mlle Bourdier, qui a laissé dans cette paroisse et dans cette église, qu'elle habitait une partie du jour, un si touchant souvenir, un si doux parfum de piété.

C'est ainsi, Mes Frères, que la charité et la foi se réunissaient chez Mme la baronne de Vezins, et accumulaient sur sa tête toutes les bénédictions du ciel, et toutes les bénédictions de la terre !

VI.

Et il semblait qu'une telle vie, encore dans toute sa sève, avait devant elle une longue carrière à fournir. Bien qu'elle touchât au seuil de la vieillesse, rien en elle n'annonçait le déclin. Ceux qui l'entouraient avaient remarqué seulement un redoublement de ferveur. Sa foi si vive s'éclairait encore, sa charité croissait et se hâtait d'arriver à la maturité.

Mme de Vezins avait toujours redouté la mort,

et elle ne cachait à personne sa crainte des jugements de Dieu. Volontiers, elle s'unissait à la prière du cardinal de Cheverus, qui demandait à Dieu d'être préservé d'une mort imprévue, et non pas d'une mort subite. Elle devait être exaucée. Elle n'avait point du reste attendu le dernier moment pour se préparer. Elle avait souvent offert son sacrifice. Pas un fleuron ne manquait à sa couronne !

Dieu résolut donc de l'appeler. Jamais les vacances n'avaient été plus gaies. Ses enfants du Poitou, et ses deux fils, qui n'avaient pu encore se résoudre à la quitter, l'entouraient d'une tendresse plus grande. La belle solennité des Gardes avait été un bonheur de plus. Bien que souffrante d'un accident assez douloureux, personne n'avait pu la retenir. Elle était rendue dès la veille, pour être la première à la Table Sainte, la première au couronnement de cette Vierge des Gardes, visitée et invoquée tant de fois par elle. Elle avait vu ses enfants arriver avec la population entière, à la suite des bannières portées par ses petites-filles. Elle revint, radieuse de joie et d'espérance.

Enfin, pour terminer la saison le mieux possible, elle se rendit avec tous les siens au château de Tirpoil, auprès de ce frère tant aimé, avec lequel elle avait toujours vécu dans la plus étroite union, et auquel elle allait donner les quinze derniers jours de sa vie. Puis, quand il fallut se séparer de sa fille chérie et de ses petits-enfants, qu'elle idolâtrait, elle multiplia ses embrassements et ses longs adieux, sans soupçonner, hélas ! qu'elle ne les reverrait plus !

De retour à Vezins le lundi, elle se mourait le jeudi, après quelques symptômes alarmants, auxquels elle ne voulait pas qu'on fît attention. Elle eut le temps de demander l'absolution, et le bonheur de la recevoir de M. le Curé, qu'elle estimait et affectionnait, et qui était là providentiellement, sans avoir été prévenu.

VII.

Vous savez, Mes Frères, quel concert de louanges et de regrets s'éleva dans tout le pays au bruit de sa mort. Ce fut un cri général : Quel malheur pour la paroisse ! quelle perte pour les pauvres ! quel coup, quel deuil pour les siens !

Son convoi, du château à l'église qui se remplit, et de l'église à l'extrémité du parc, ressemblait à une marche triomphale. Et c'est là que la mort nous l'a ravie tout à fait, là qu'elle a disparu à nos regards, au milieu de nos larmes et de nos prières !

Maintenant, Mes Frères, à nous d'entendre, avant de la quitter, les leçons de la mort.

Il est donc bien vrai que cette terre n'est qu'un exil, qu'une vallée de larmes, et par conséquent qu'elle n'est pas la patrie ! Non, non, Dieu ne nous a pas faits pour souffrir sans espoir ! Il ne nous a pas donné des yeux pour pleurer toujours, des cœurs pour être déchirés sans cesse ! La patrie ! Elle est où est Dieu, où il n'y a plus de séparations ! C'est le ciel qui est la patrie, et pour y arriver, il faut marcher sur les traces de ceux qui nous ont précédés dans la foi et dans la charité !

Ma voix ne sera pas la dernière à parler ici : *Defunctus adhuc loquitur,* et puisque les morts parlent, écoutons-les bien !

Mais avant, qu'il me soit permis d'évoquer un souvenir, qui remonte déjà à douze ans, celui de ce cher et tant regretté M. de Vezins, en ce jour où il est réuni, pour ne plus s'en séparer jamais, à celle qui fit le bonheur de sa vie! Tous deux eurent la même foi, tous deux donnèrent à leurs enfants et à cette paroisse les mêmes exemples. Que leurs voix s'unissent donc et nous adressent à tous les dernières paroles, *ultima verba* : O vous, nos chers enfants, et vous, nos chers amis, nous vous en conjurons du fond de la tombe, ou plutôt des hauteurs de l'éternité, aimez par-dessus tout ce que nous avons aimé ainsi, Dieu et le prochain, pour les bien servir l'un et l'autre! Aimez et gardez bien cette vieille foi catholique, que nous avions reçue de nos pères, et que nous vous avons léguée, et pratiquez-la! Elle est le premier des biens de la terre, et elle nous a sauvés. A votre tour de la garder avec soin, si vous la possédez, de la refaire, si vous l'avez perdue! A votre tour de la garder intacte et dans sa plénitude, car elle meurt, si on la partage! A votre tour de la garder avec courage, car il en est d'elle comme de la vertu, tout est armé et conjuré ici-bas contre elle; mais si vous la sauvez, elle aussi vous sauvera!

Ainsi soit-il.